한림신서 일본현대문학대표작선 34

미요시 다쓰지 시선집

MIYOSHI TATSUJI SHISENSHU(미요시 다쓰지 시선집)
By MIYOSHI Tatsuji
Copyright ⓒ 2003 by MIYOSHI Tatsuo
Originally published in Japanese

한림신서 일본현대문학대표작선 ㉞

미요시 다쓰지 시선집

미요시 다쓰지 지음 · 오석윤 옮김

小花

한림신서 일본현대문학대표작선 34
미요시 다쓰지 시선집
....

초판인쇄 ▪ 2006년 3월 23일
초판발행 ▪ 2006년 3월 29일

지 은 이 ▪ 미요시 다쓰지
옮 긴 이 ▪ 오석윤

발 행 인 ▪ 고화숙
발 행 처 ▪ 도서출판 소화
등   록 ▪ 제13-412호
주   소 ▪ 서울시 영등포구 영등포동 94-97
전   화 ▪ 2677-5890(대표)
팩   스 ▪ 2636-6393
홈페이지 ▪ www.sowha.com
....

ISBN 89-8410-299-7
ISBN 89-8410-108-7(세트)

☆잘못된 책은 언제나 바꾸어 드립니다.

값 6,000원

제1부

거리	13
봄	16
눈	17
향수	18
유모차	19
할머니	21
아베마리아	22
돌 위	25
봄의 곳	26
Enfance finie	27
낮	28
호수	29
소년	30
까마귀	31
정원 1	35
정원 2	36
메아리	37
사슴	38
마을 1	41
마을 2	42

제2부

땅	45
흑개미	46
석류	47
늦여름	48
튤립	49
누에	50
장미	51
오래된 모자	52
밤의 방	53
꿩 1	54
꿩 2	55
동박새	56
모래 위	57
어린 양	58
해변	59
매화 한 가지	60
하얀 매화 1	61
하얀 매화 2	62
홍매화	63

병상	64
아침	65
산비둘기	66
물소리	67
나그네	68
비 온 뒤	69
고요한 밤	70
가도	71
사슴	72
저녁놀	73
책	74
까마귀	75
공장 지대	76
멧새	77
붕어	78
집오리	79
성묘	80
길을 떠남	81
「레몬」의 저자	82

제3부

겨울날
—경주 불국사 근처에서 85
언덕 위에서 읊다
—부여 영월전 터에서 89
길가에서 읊다
—경주 사천왕사 터에서 90
계림구송 91
오늘도 여행 간다 94
파이프 95
눈물 96
한아한 오전 98
늦여름 100
구사센리하마 104
오아소 106
일점종 이점종 108

당나귀	111
그렇지만 정서는	113
겹겹의 조망	116
이리	118
까마귀	121
스승이여, 하기와라 사쿠타로	124
가정	128
침상구점	129
또	130
천춘우어	131
지은이 소개	133
옮긴이의 글	138
옮긴이 소개	142

일러두기

제1부의 「호수」 중 '갈대와 수초 어디에 시체는 숨어 버린 걸까'에서 밑줄 친 곳과 같이 여백이 큰 부분은 저자의 의도를 반영한 것이다. 본디 일본어 문장에는 띄어쓰기를 하지 않으나 원문을 살펴보면 '葦と藻草 どこに死骸はかくれてしまったのか'처럼 일부터 띄어쓴 곳이 있다. 따라서 저자가 굳이 띄어쓰기를 한 의도를 살리고자 여백을 크게 준 것임을 밝혀 둔다.

제1부

....
• 제1부에 수록된 시들은 미요시 다쓰지의 시집 『측량선測量船』, 『측량선 습유測量船 拾遺』에서 뽑은 것들이다.

거리街

 산간 분지가, 그 애처롭고, 거친 술잔과 쟁반 위에, 기원하고 있는 것처럼 하늘에 바치고 있는 작은 마을 하나. 밤마다 소리도 없이 무너져 가는 흉벽(胸壁)*에 의해, 정사각형으로 구획된 작은 마을. 그 사방에 버드나무 가로수가, 가지 깊이, 지나간 몇 세기의 그림자를 비추고 있다. 지금도 새벽녘에는, 싸늘하게 태풍 같은 날개 소리를 떨구고, 그 위를 물빛 학이 건너간다. 낮에는 이 거리의 누문(樓門)**에서, 울부짖는 돼지 떼가 달리다가 식수 긷는 우물에서, 넘어지고, 자꾸만 그 야윈 까만 모습을, 관목과 잡초로 된 평야 속에 감추어 버린다. 만일 그때, 이상하고 가련한 소리가 삐걱거리는 것을 멀리에서 듣는다면, 시간이 지나 가로수 그림자에, 작은 이륜차가 언덕 같은 붉은빛 소 목덜미에 이끌려, 여름이면 참외, 가을이면 장작을

....
• 이 시는 시인이 스무 살 때 우리나라의 함경도 회령에서 군인으로 근무하던 시절에 쓴 것이다.
* 흉벽 : 성곽이나 포대 따위에 사람의 가슴 높이만하게 쌓은 담으로, 흉장(胸墻)이라고도 한다.
** 누문 : 다락집 밑으로 드나들게 된 문.

신고, 천천히 누문 쪽으로 걸어가는 것을 볼 터이다. 나무껍질도 거므스레 낡아 버린 누문의, 방패 모양으로 하늘을 꿰뚫어 보는 격자 안에, 지금은 울리는 것조차 잊어버린 작은 종이, 침묵하던 옛날 그대로의 위엄을 지닌 채, 어렴풋이 어둡게, 궁륭(穹窿)***을 이룬 천장에 떠 있다. 무너질 대로 무너져 떨어져 가는 흙벽 위에, 또는 왠지 하얗게 우거질 대로 우거진 버드나무 속에, 까치는 모이고, 어지러이 날고, 하얀 얼룩이 있는 긴 꼬리를 흔들며, 종일 돌을 두드리는 듯한 소리를 지르고 있다. 또한 게다가, 이따금 달이 상순의 끝 무렵에 가깝게, 그 일말(一抹)의 반원을, 멀리 흩어진 조밭 옥수수밭 위, 뼈가 앙상한 산맥 위, 아득한 낮의 일점(一點)으로 기울어지고 있다고 한다면, 사람은 모두, 황량한 풍경을 물결치며 덮는, 일찍이 어떤 문화도 손대지 않았던 적요 속에, 제각기 의지할 곳 없는 운명을 한순간 몸에 느끼며 탄식할 것이다. 그리고 이 흙벽을 에워싼 작은 거리는, 사방의 적요를 더 슬픈 것으로 만들기 위해서, 때때로 몇 줄기인가 조용히 취사의 연기를 허공에 피운다.

　옛날, 이 거리를 영위하기 위해서, 그들의 조상은 산맥 어느 쪽 방향으로 나누어 온 것일까? 이 거리가 생긴 날,

----
*** 궁륭 : 무지개같이 높고 길게 굽은 형상. 아치.

그들의 적은 산맥 어느 쪽 방향으로 나누어 온 것일까? 그리고 이 흙벽이 어떻게 격한 싸움을 사이에 두고 둘로 나누어졌던 것일까? 그들 모든 역사는 마음에 두지 않고 잊혀지고, 사람들은 오로지 변함없는 습관에 따라서, 그들의 조상과 같은 형태의 밥그릇으로 같은 노란 음식물을 먹고, 들에 같은 씨를 뿌리고, 몸에 같은 옷을 걸치고, 머리에 상투 같은 관을 물려주고 있다. 그것이 그들의 법규이기나 한 것처럼, 그들은 늘 나태하고, 아무 때고 수면을 탐하고, 꿈의 틈새에 일어나서는, 두터운 가슴을 펴고, 꿀꺽꿀꺽 목구멍에서 소리를 내며 다량의 물을 다 마셔 버리는 것이다. 기류가 몹시 건조하기 때문에.

이윽고 밤이 왔을 때에, 만조에 삼켜지는 산호초처럼, 암흑과 침묵의 압력 속에, 얼마나 어둡게, 이 거리는 빠져 가고 잠겨 가는 것일까? 그리고 그 안에서, 어떤 형태의 그릇에 어떤 등불이 켜지는 것일까? 혹은 등불마저 없는 것은 아닐까? 나는 그것을 모른다. 지금도 나는, 때로는 추억의 고개에 서서, 멀리 이 거리를 바라보고 있지만, 내 기억은, 언제나, 태양이 저무는 쪽으로 서둘러 돌아가고 만다.

봄 春

거위. — 많이 같이 모여 있기 때문에, 자신을 잃지 않으려고 울고 있습니다.

도마뱀. — 어느 돌 위에 올라가 보아도, 아직 내 배는 차갑다.

눈雪

다로(太郎)*를 잠재우고, 다로의 지붕에 눈 쌓인다.
지로(次郎)**를 잠재우고, 지로의 지붕에 눈 쌓인다.

....
* 다로 : 일본의 전통적인 남자 이름으로 맏아들에게 붙인다.
** 지로 : 일본의 전통적인 남자 이름으로 둘째아들에게 붙인다.

향수 鄕愁

　나비 같은 나의 향수! …. 나비는 몇 개 울타리를 넘어, 오후의 거리에서 바다를 본다…. 나는 벽에서 바다를 듣는다…. 나는 책을 덮는다. 나는 벽에 기댄다. 옆방에서 두시를 친다. " '바다, 먼 바다여!' 하고 나는 종이에 쓴다. ―바다여, 우리들이 쓰는 문자에서는 네 속에 어머니가 있다. 그리고 어머니여, 프랑스 사람의 말에는 당신 속에 바다가 있다."

- 이 시는 바다 해(海) 자에 어미 모(母) 자에 들어 있고, 어머니를 의미하는 프랑스어 mère에 바다를 의미하는 mer가 들어 있는 것에 착안하여 향수와 그 이미지를 연결시키고 있다.

유모차 乳母車

엄마야—
덧없고 슬픈 것 내리노라
수국빛 같은 것 내리노라
끝없는 가로수 그늘을
산들산들 바람 부노라

때는 황혼
엄마야 내 유모차를 밀어라
눈물에 젖은 석양을 향해
절절히 내 유모차를 밀어라

빨간 딸기 달린 벨벳 모자를
차가운 이마에 씌워 줘
갈 길 서두르는 새들의 행렬에도
계절은 하늘을 건너가노라

덧없고 슬픈 것 내리는
수국빛 같은 것 내리는 길

엄마야 나는 알고 있다
이 길은 멀고 먼 끝없는 길

할머니 祖母

할머니는 반딧불을 그러모아
복숭아 열매처럼 모은 손에서
많은 반딧불을 주셨던 거다

할머니는 달빛을 그러모아
복숭아 열매처럼 모은 손에서
많은 달빛을 주셨던 거다

아베마리아 アヴェ・マリア

거울에 비치는, 이 새 여름 모자. 숲에 매미가 울고 있다. 나는 의자에 앉는다. 내 신은 새것이다. 바다가 나를 기다리고 있다.

      나는 기차를 타리라, 밤이 오면.
      나는 산을 넘으리라, 동이 트면.

      나는 무엇을 볼까.
      그리고 나는, 무엇을 생각할까.

      정말로 나는, 어디로 가는 걸까.

창에 핀 달리아. 창에서 들어오는 나비. 내가 바라보고 있는 구름, 높은 구름.

      구름은 바람의 배웅을 받으며
      나는 계절의 배웅을 받으며,

나는 개를 부른다. 나는 휘파람을 불어, 나무 그늘에 늘어져 있는 개를 부른다. 나는 개와 악수를 한다. 자키여, 부부루여.—자, 이렇게, 매미는 어디에고 울고 있다.

나는 서둘러 성호를 그린다,
낙엽이 쌓인 가슴의, 작은 길 깊숙이.

아베마리아, 마리아 님,
밤이 오면 나는 기차를 탈 겁니다,
나는 어디로 갈 겁니다.

내 손수건은 새것.
게다가 내 눈물은 이미 오래된 것.

—한 번 더 만날 날은 없을까.
—한 번 더 만날 날은 없을 거야.

그리고 여행을 떠나면, 낯선 사람만 보고, 낯선 바다 소리를 들을 것이다. 그리고 이제는 아무와도 만나지 않을 것이다.

돌 위 甃の上

오호라 꽃잎 흩날려
소녀들에게 꽃잎 흩날려
소녀들 조용히 이야기하며 걸어가
화창한 발자국 소리 하늘에 흐르고
간혹 눈동자를 들어
밝은 절의 봄을 지나가노라
절의 기와 지붕 초록빛으로 젖고
차양에
풍경 모습 조용하니
혼자인
내 몸의 그림자를 딛고 가는 돌 위

봄의 곶 春の岬

봄의 곶 여행 끝난 갈매기
떠 있으면서 아득히 멀어졌구나

Enfance finie*

 바다 멀리 섬이…, 비에 동백꽃이 떨어졌다. 새장에 봄이, 봄이 새가 없는 새장에.

 약속은 모두 깨어졌군.

 바다에는 구름이, 응, 구름에는 지구가, 비치고 있군.

 하늘에는 계단이 있군.

 오늘 기억의 깃발이 떨어지고, 커다란 강처럼, 나는 사람과 헤어지자. 마루에 내 발자국이, 발자국에 미세한 티끌이…, 아아 가련한 나여.

 나는, 그래 나여, 나는 먼 여행길에 오르자.

....
* Enfance finie : '지나간 어린 시절'이라는 뜻의 프랑스어.

낮晝

 이별하는 마음은 차라리 사랑의 만남 때처럼, 어수선하고 아련하게 쓰라리다. 가는 사람은 신명이 나서 일시적인 용기를 갖추고, 머무는 사람은 어쩔 수 없이 담배를 피우면서, 문득 무언가 자신의 어리석음을 깨닫는다.
 그녀를 태운 승합마차가, 풍경의 먼 쪽으로 일직선으로, 그녀와 그녀의 작은 손가방과, 두 개의 보자기 꾸러미를 갖고 간다. 그 연둣빛 커튼에 나뭇잎 사이로 햇빛이 미끄러져 흐르고, 그 속을 말편자가 번갈아 가며 은어처럼 빛난다. 문득, 마치 마부도 말도 모두가, 믿을 수 없는 새의 운명처럼 생각된다. 안녕, 안녕, 그녀의 방에 있는 물빛 창은, 조용히 남겨져 열려 있다.
 강변을 따라, 가로수 있는 밭고랑 길을, 마차는 이미 멀리 산 주름 쪽으로 숨어 버렸다. 그리고, 그것은 이제 곧, 여기서는 보이지 않는 저 하얀 다리를, 그 널빤지를 쾌활하게 울리며, 바람 속을 건너 달릴 것이다. 모든 게 푸르고 맑게 갠 정오다. 그리고, 내 앞을 하얀 당닭이 한 줄로 돌담을 끼고 걸어간다. 아아 시간이 이렇게 또렷이 보인다! 나는 서글퍼서, 빨간 사과를 샀다.

호수 湖水

이 호수에서 사람이 죽은 거다
그래서 저렇게 많이 배가 나와 있는 거다

갈대와 수초   어디에 시체는 숨어 버린 걸까
그것을 찾았다는 피리는 아직 울리지 않는다

바람이 불고   물을 가르는 노 소리 노 소리
바람이 불고   풀뿌리와 게 냄새가 난다

아아 누군가가 그것을 알고 있는 걸까
이 호수에서 새벽에 사람이 죽었다는 걸

누군가가 정말 알고 있는 걸까
벌써 이렇게 밤이 와 버렸는데

소년少年

해 질 녘
그 어느 정사(精舍)*의 문에서
아름다운 소년이 돌아온다

쉬 저무는 하루
공을 던지고
하늘 높이 공을 던지고
또 놀면서 돌아온다

한적한 거리
사람도 나무도 빛깔도 가라앉히고
하늘은 꿈처럼 흐르고 있다

....
* 정사 : 승려가 불도를 닦는 곳으로, 절의 다른 이름.

까마귀 鴉

 바람이 세찬 흐린 하늘에 태양이 어디 있는지도 모르는 날의, 인기척 없는 한줄기 길 위에 나는 끝없는 들판을 헤매고 있었다. 바람은 사방 지평에서 나를 부르고, 내 소매를 잡고 옷깃을 에워싸며, 그리고 또 그 거친 외침의 소리는 어딘가로 사라져 버린다. 그때 나는 문득 마른 풀 위에 버려진 어떤 검은 웃옷 하나를 보았다. 나는 또 어디에선가 나를 부르는 소리를 들었다.

 ―멈춰라!

 나는 멈추어 서서 주위에 소리가 난 곳을 찾았다. 나는 공포를 느꼈다.

 ―너의 옷을 벗어라!

 공포 속에 나는 수치와 작은 분노를 느끼면서, 어쩔 수 없이 그 명령의 말을 따랐다. 그러자 그 목소리는 더욱 싸늘하게,

―발가벗어라! 그 옷을 주워 입어라!

하고, 이제는 저항하기 어려운 위엄을 띠고, 풀 사이에서 나에게 명령했다. 나는 비참한 모습으로 웃옷을 입고 바람 속에 내버려져 있었다. 내 마음은 패배할 준비를 했다.

―날아라!

그러나 왠지 기이한, 뜻밖의 말이리라. 나는 자신의 손발을 돌아보았다. 손은 긴 날개가 되어 양 겨드랑이에 접고, 비늘을 나란히 세운 발은 세 발가락으로 돌을 딛고 있었다. 내 마음은 또 복종할 준비를 했다.

―날아라!

나는 재촉에 땅을 박찼다. 내 마음은 갑자기 노여움에 가득 차, 날카로운 비애로 일관된 채, 단지 이 굴욕의 땅을 뒤로, 정처 없이 일직선으로 날아갔다. 감정이 감정에 채

찍질하고, 의지가 의지를 채찍질하면서—. 나는 오랜 시간을 날아가고 있었다. 그리고 어느새 지금, 저 비참한 패배로부터는 멀리 날아가, 날개에는 피로를 느끼고, 내 패배의 축복이 될 희망 찬 하늘을 꿈꾸고 있었다. 그런데도, 아아! 또 그때 내 귀 가까이 들린 것은, 저 집요한 명령의 소리가 아니었던가.

— 울어라!

오오, 지금이야말로 나는 울리라.

— 울어라!
— 좋아 나는 울겠어.

그리고, 울면서 나는 날고 있었다. 날면서 나는 울고 있었다.

— 아아, 아아, 아아, 아아

―아아, 아아, 아아, 아아

바람이 불고 있었다. 그 바람에 가을이 나뭇잎을 뿌리듯이 나는 말(言)을 뿌리고 있었다. 차가운 것이 자꾸만 뺨을 흘러내리고 있었다.

정원庭 1

 회화나무 그늘이 가르쳐 준 곳에서, 나는 풀 위로 곡괭이를 푹 쳤다. 그리고 오 분이 지나, 나는 쉽게 파헤쳐 냈다, 나는 흙투성이 해골을 파낸 것이다. 나는 못으로 가 그것을 씻었다. 내 부주의로 생긴 관자놀이 위의 상처를, 아까 그 곡괭이질을 나는 후회하고 있었다. 방에 돌아가 나는 그것을 침대 밑에 놓았다.

 오후에 나는 꿩을 쏘러 계곡으로 갔다. 돌아와 보니, 침대 다리에 물이 흐르고 있었다. 내가 들어올린 무거운 장난감의, 아직 젖어 있는 눈구멍이나 관자놀이의 상처에, 작은 빨간 개미가 바삐 보였다 안 보였다 하고 있는, 그것은 옅은 갈색을 띤, 이상스레 우아한 성(城) 같았다.

 어머니로부터 편지가 왔다. 나는 거기에 답장을 썼다.

정원庭 2

태양은 아직 어두운 창고에 가려져, 서리가 맺힌 정원은 보랏빛으로 널찍하고도 차가운 그림자의 바닥에 있었다. 그날 아침 내가 주운 것은 얼어 죽은 까마귀 한 마리였다. 딱딱한 날개를 방추형으로 접고서, 잿빛 눈꺼풀을 감고 있었다. 그것을 던져 보니, 말라 버린 잔디에 떨어져 맥없는 소리를 냈다. 가까이 다가가 보니, 조용히 피를 흘리고 있었다.

날이 맑아지는 하늘 어딘가에서, 또 까마귀 우는 소리가 들렸다.

메아리 谺

 저녁 어스름이 사방에 깔리고, 파란 세계지도 같은 구름이 지평에 드리워져 있었다. 풀잎에만 바람이 불고 있는 평야 속에서, 그는 큰 소리로 어머니를 부르고 있었다.

 동네에서는 그의 얼굴이 어머니와 많이 닮았다고 하며 사람들이 웃었다. 낚싯바늘처럼 등을 구부리고, 어머니는 점점 어느 쪽으로 그 발자국을 잇고 있었던 것일까. 저녁 어스름 속에 떠 있는 하얀 길 위를, 그 먼 곳으로 그는 큰 소리로 어머니를 부르고 있었다.

 조용히 그의 귀에 들려온 것은, 그것은 메아리가 된 그의 절규였을까, 또는 멀리에서, 어머니가 그 어머니를 부르고 있는 절규였을까.

 저녁 어스름이 사방에 깔리고, 파란 구름이 지평에 드리워져 있었다.

사슴鹿

저녁 무렵, 사냥감이 고개를 내려온다. 사냥꾼 대여섯 명, 개가 예닐곱 마리.—그들 행렬이 내려오는 뒤쪽, 어느 사이엔가 완전히 색이 바뀐 하늘 길에, 낮부터 떠 있던 하얀 달.

겨울이라 해도 사람 눈에 띄지 않는 어딘가에 드문드문 동백꽃이 피어 있는, 또 밭에선 여름 밀감이나 왕귤나무 그 파란 열매가 휠 정도로 가지에 머물며 쉬고 있는, 이 먼 길을 따라서, 마을 우체국, 그 벽에 있는 우체통 쇠 장식을, 손가락 끝에서 조금 차갑게 생각했던 그후에, 그곳을 나가자, 나는 내 앞을 지나가는 아까 본 사냥감인, 사슴 세 마리와 마주쳤다.

막대기에 묶여 매달려 가는 이 고상한 사냥감은, 마치 동화 속의 불행한 왕자처럼 얌전하고, 아픈 총흔은 보이지 않았지만, 위엄 있는 뿔 달린 목이 이상한 곳에 끼인 채, 등을 둥글게 하고, 흔들리면서, 그것은 묘한 형태의 책상다리로 앉아 있는 우아한 짐승의 모습이었다. 생기를 잃고 끝이 좀 잘게 갈라진 털은, 아직도 촉촉하게, 저 산에 숨겨진 숲과 계곡의, 그윽하고 조용한, 차가운 그림자와

공기에 젖어 있었다.

―야 많이 잡혔네.
―아니 얼마 안 돼. 겨우 세 마리 정도야.
―어떨까 올해는?
―있기는 있지만. 오늘은 많이 놓쳐 버렸어.

쓸쓸한 바람이 불고 있었다.

그날 밤, 나는 이 마을에 와 있는 그 여류 소설가한테 놀러 갔다. 메테를링크의 「침묵」은 왠지 무섭고 싫어요,―그런 이야길 하면서, 책상 위의 경대를 옮겨, 나는 그녀의 눈썹을 그렸다, 주의 깊게. 그리고 그녀는, 이 경대 서랍에서 작은 물건을 꺼내, 이것이 밤에 쓰는 푸른빛 도는 분, 이것이 델리카부로, 그거 이런, 하고 뚜껑을 잡고, 그들 우아한 그림물감을 나에게 가르쳐 주었다. 그래서 문득 나도, 저녁 무렵 본 그 무언가 마음에 남는, 불행한 왕자가 길거리로 운반되어 간 이야기를 했다.

― 어머 정말, 총을 갖고 싶어.
― …….
― 응, 총을 갖고 싶지 않아?
― 예, 그래요…, 총도 갖고 싶어요.

쓸쓸한 바람이 불고 있었다. 나는, 무언가 갑자기 멀리에 있는 사람 곁으로 돌아가고 싶어졌다.

마을村 1

 사슴은 뿔에 삼끈이 묶여진 채, 어두운 헛간 오두막집에 넣어져 있었다. 아무것도 보이지 않는 곳에서, 그 파란 눈은 맑고, 말쑥이 고상하게 앉아 있었다. 감자가 하나 구르고 있었다.

 밖에서는 빛꽃이 지고, 산 쪽에서 자전거가 한줄기 벚꽃을 짓이기고 갔다.
 등을 보이며, 소녀는 수풀을 바라보고 있었다. 하오리(羽織)*의 어깨에, 검은 리본을 달고.

----

* 하오리 : 일본 옷의 위에 입는 짧은 겉옷.

마을村 2

 공포에 질린, 그 눈을 활짝 뜬 채, 이미 사슴은 죽어 있었다. 과묵한, 말 고집이 센 청년 같은 얼굴로, 나무 쌓아놓은 창고의 처마에서, 저녁 보슬비에 젖어 있었다. (그 사슴을 개가 물어 죽인 것이다.) 보랏빛을 머금은 옅은 검은색 털이 가지런한 대퇴골 언저리의 상처가, 동백꽃보다도 붉다. 지팡이 같은 다리를 펴고, 엉덩이 언저리 선명한 흰 털이 물을 머금고, 수줍어하고 있었다.

 어디에선가, 파 냄새가 한줄기 흐르고 있었다.

 삼지닥나무 꽃이 피고, 창고의 물레방아가 크게 돌고 있었다.

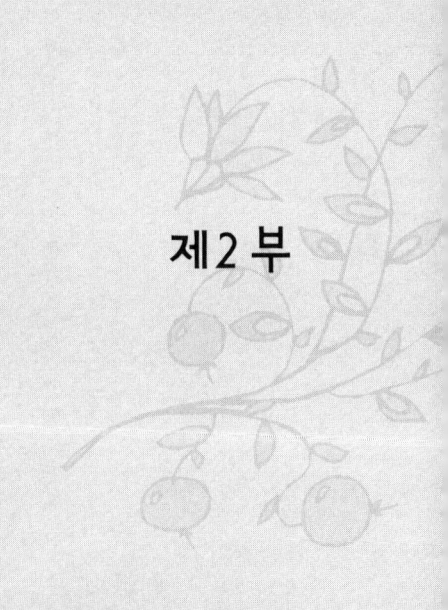

제2부

....
• 제2부에 수록된 시들은 미요시 다쓰지의 시집 『남창집南窓集』, 『한화집閒花集』, 『산과집山果集』에서 뽑은 것들이다.

땅土

개미가
나비 날개를 끌고 간다
아아
요트 같다

흑개미黑蟻

질풍이 모래를 움직인다
세상살이 어려워 세상살이 어려워 개미는 멈추어 서고
개미는 풀뿌리에 달라붙는다 질풍이 개미를 굴린다
구르면서 달리면서 개미여 그대들이 철아령으로
보인다

석류 石榴

바람에 하늘거린
달콤새콤한 가을의 꿈 석류
하늘에 부풀어 터진
붉은 보석의 화약고

늦여름 晩夏

두 날개를 하나로 합쳐
풀잎에 쉬는 작은 나비
그대 이름은 바지락나비 바지락을 닮았기에
내 뜰의 무희 가는 여름의 스소모요(裾模樣)*

----
* 스소모요 : 여자들이 입는 예복 따위의 단에 넣은 무늬, 또는 옷단에 무늬가 있는 옷.

튤립 チューリップ

벌의 날개 소리가
튤립 꽃으로 사라진다
산들바람 속에 고요히
손님을 맞은 빨간 방

누에 蚕

"그렇게 파랬던 것이
이렇게 까매졌어요
거
보세요"

장미 薔薇

장미 한 송이   바람 불면 목덜미 움직이고
햇살 비추면 한숨 쉬는   향기로운 겨울 장미
지새는 달이 잊은 물건   손궤*의 비밀
여정에 피곤한 나   그런 나를 위해   아침마다 보내는
희망의 신호

....
* 손궤 : 늘 거처하는 곳에 두고 쓰는 조그마한 궤.

오래된 모자 古帽子

　모자여　오래전부터 고독의 반려자　초라한 내 오래된 모자
　내 근심스런 표정을　어느덧 나누어 갖게 된
　너 또한　내 마음의 그림자　그걸 손에 쥐고　머리에 이고
　낙엽송 숲에 오면　그 차양에　이날 또　봄눈이 쌓인다

밤의 방 夜の部屋

밤은 초경(初更) 램프는 어둡다
그 발소리를 듣는 동안   내 이마에 뛰어올랐다
심상치 않은 녀석!   자객!   네 수염이 나를 간질인다
아아   겨울밤의 동반자   귀뚜라미여

꿩雉 1

몸으로 무지개를 걸치고
일곱 가지 빛깔 꿩이 날아올라 간다 눈 내린 산에서
파란 하늘로
모가지를 뻗고

꿩 雉 2

 먼 산 평야 발밑의 작은 마을 강 다리
 둥그스름한 눈(雪)의 주름에서 일곱 가지 빛깔의 십자가를 이루고
 지금 이 조망을 가르는 것
 못을 건너는 꿩

동박새 目白

　나비가 한 마리　새로운 창 미닫이에　한나절 무릎을 꿇고
　기도하는 모양을 하고 있었지만　이미　죽었다
　그리고 여기에　오늘 붙잡힌　동박새의 눈
　겨울　겨울이다　벽시계를 감는 소리도

모래 위 砂上

바다　바다여　너를 내 추억이라 부르리라　내 추억이여

네 둔치에　　나는 모래 위에 누우리라　바다　짠물 … 물소리여

너는 멀리에서 오는　　내 추억의 테두리 장식　파도여 짠물의 기복이여

그렇게 둔치를 세자게 때리는 게 좋다　그렇게 둔치를 달리는 게 좋다　네 물보라로 내 속눈썹을 적시는 게 좋다

어린 양仔羊

  바다의 푸르름에 귀를 세우고   둘러싼 울타리를 뛰어넘는   어린 양
  모래 언덕 위로 뛰어오르고   내 그림자로 뛰어오르는 어린 양이여
  내 노래는   오늘 아침 막 태어난 어린 양
  바다의 향기에 눈을 깜박이고   몸을 피하는 구름 뒤를 쫓는다

해변 海邊

비 온 뒤
옆으로 길게 뻗친 구름
그 아래에   솔개가 운다
내   여정의 하늘

매화 한 가지―枝の梅

일찍이 생각했을까 늘 이렇게 다 잊어버린다고
또 생각했을까 그런 날들을 이렇게 그리워한다고
지금 그전에 나는 여기에 머뭇거리는 하나의 환상
아아 백 개의 꽃봉오리 어슴푸레 붉은빛 띠는 매화
한 가지

하얀 매화 白梅花 1

직박구리 울음 우는 야산 근처   목소리 내는 시내 위에
깎은 듯 모지게 얽힌 나뭇가지 늙은 몸을 뻗고 누운 한 그루 매화
눈부신 하얀 매화   지금 봄을 만나 너는 피고   너는 향기를 뿜고
그렇게 너는 침묵하고 있다   나는 네가 부럽다

하얀 매화 白梅花 2

바다가 보이는
배가 보이는
산골짜기에 핀 하얀 매화   시들시들한 수풀 앞에
그 꽃들은   한순간   떨어지기를 멈춘 함박눈

홍매화 紅梅花

바다 근처   작은 산그늘   오늘도 그 농가의 뜰에
 히레(領布)*를 흔들며 나를 부르는   한 그루 홍매화   오오 봉주르
 오늘은 또   어제보다도 아름답다   그대의 나무 그늘로 채소밭 오솔길로 가자
 거기에 주인은 무릎을 꿇고   소 발굽을 훔치고 있다 바다가 들리는 농가의 뜰

....
* 히레 : 일본에서 옛날에 귀부인이 정장할 때 어깨에 드리우던 길고 얇은 천.

병상病床

회백색 구름 벽에   작은 새들이 가라앉는다 아아 먼
신록의 우듬지가 흔들리고   내 창의 커튼이 흔들린다
따분한 한때   가미시바이(紙芝居)*의 북소리도 들린다
전구에 내 병상이 비치고 있다

....
* 가미시바이 : 이야기를 여러 장의 그림으로 구성하여 극적으로 설명
해 가는 것. 1931년경 엿장수들이 어린이를 상대로 시작했다.

아침 朝

전신주 머리에 참새가 울고 있다
동그랗고 귀엽게 열린 가지밭 흙벽으로 만든 광의 벽에
아침 햇살이 비치고 그 눈부심에 쭈그리고 앉아 있으면
여행길에 있는 몸이 꿈인 듯 일어나는 것도 아까워진다

산비둘기 山鳩

산비둘기가 울고 있다…
 작년 봄 이 숲을 지날 때도 역시 울었었지
 산등성이 오목한 곳에 있는 오두막집 굴뚝 아아 그것도 작년 모습 그대로 기울어져 있다
 오늘도 또 거기까지 올라가 보리라 눈동자에 스며드는 하늘빛

물소리 水聲

지나가는 길에 나는 보았다
사람의 그림자도 없는 산골짜기 거기 흐르는 물가에
숫돌이 하나
사용한 탓일까 젖어 있는 것을

나그네 旅人

나그네여 나그네여 갈 길을 서두르라고
해변에 오면 물결 소리
들가를 가면 매미 소리
산길이 되면 딱따구리의 노래

비 온 뒤 雨後

하나 또 하나 구름은 산을 떠나 저녁나절의 하늘에 뜬다
비 온 뒤 산은 신록의 옷깃을 여미고 무릎을 맞대며 나란히 하고 있다
골짜기 깊은 곳 삼나무숲에 발전소 불이 켜진다
그렇게 뒤돌아보면 구름 사이에 가시마야리(鹿島槍)*

....
* 가시마야리 : 일본 도야마현과 나가노현의 경계에 있는 히다산맥의 산으로, 높이는 2,889미터이다.

고요한 밤 靜夜

벽시계 똑딱똑딱 아아 시간의 제비들이
산을 넘는다 바다를 넘는다 어쩌면 저렇게 고요할까
숲 속에서 올빼미가 북을 친다 가까스로 요즘
나는 밤을 대할 수 있었다 벽을 바라보며 손을 바라
보며

가도 街道

종이 울린다   초등학교가 조용해진다
대숲에 불어오는 바람   대숲에서 날개를 편 나비가 날아온다
나그네가 메밀국수집에 들어간다
우체국 앞에   버스가 멈추어 선다

사슴鹿

오전의 숲에 사슴이 앉아 있다
그 등에 그 뿔 그림자
산들바람을 헤치며 나아가 등에가 한 마리 날아온다
아득히 멀리 떨어진 골짜기 시냇물 소리를 듣고 있다
그 귓전에

저녁놀 夕燒

　바람 부는 그 언저리에 잊혀진　풀잎과 모래를 담은 작은 밥그릇　아아

　이 뜰의　여기에 앉아

　소꿉놀이를 하고 놀았던　그 손들　뿔뿔이 돌아가 버린 손을 생각하면

　그 머리칼　그 옷 냄새도 알 수 있을 듯

책本

나비여 하얀 책
나비여 가벼운 책
수평선을 누비며 나아가면서
모래 언덕 위를 춤추며 날아오른다

까마귀 鴉

　조용한 마을길에　대나무 홈통이 가로로 걸쳐 있다
　거기에 까마귀가 한 마리 앉아　나뭇잎 사이로 비치는 햇빛 속에
　하늘을 우러르고　땅을 바라보며　내가 그 아래로 지나갈 때
　어떤 미묘한 균형 위에　날개를 움츠리고　천평칭(天平秤)처럼 흔들리고 있었다

공장 지대 工場地帶

저녁나절의 수로에 어렴풋이 내린 겨울 안개
움직이려 하지 않아도 움직이는 배 한 척, 그 노 젓는 삐걱거림
…뱃사람의 움직임
강가에 우뚝 선 굴뚝에서 여기저기 연기가 너울거리고

멧새 頰白

　해가 진다　이 갈림길을　썰매는 떠났다…
　역참(驛站)* 뒤에 멧새가　울고 있다　노래하고 있다
　그림자가 늘어난다　눈(雪) 위에　그것은 울고　있다 노래하고 있다
　고목의 가지에　아아 그것은 불이 켜지고 있다　하나의 노래　하나의 생명

──────────
* 역참 : 역마(驛馬)를 갈아타던 곳.

붕어 鮒

땅을 파서 독을 묻고
물을 채워 붕어를 풀었다
창 밑 가을 파초의 그늘에 때때로 그들은 소리를 낸다
어쩌다 나는 팽택령(彭澤令)*의 도연명처럼 되어 등불을 끄고 달을 대한다

....
* 팽택령 : 중국의 팽택(펑쩌)의 현령. 중국의 시인 도연명은 한때 팽택령을 지냈으며, 팽택령을 사임하고 돌아오면서 쓴 작품이 유명한 「귀거래사」이다.

집오리 家鴨

회색빛 하늘 아래　멀지 않은 바다 내음
넓디넓은 강 어귀의　썰물 때를
집오리 한 마리가 흘러간다
오른쪽을 바라보며　왼쪽을 바라보며

성묘 展墓

　가지이(梶井)*군　지금 내가 이렇게 창에서 바라보고 있는 병원 뜰에
　어미 염소 아기 염소 울고 있다　신록의 우듬지를 구름이 날아 지나간다
　그 나무 숲 맞은편에　새장 속의 종달새가 노래하고 있다
　나는 생각한다　여기를 퇴원하면　자네의 묘를 찾을 거라고

----
* 가지이 : 일본의 소설가 가지이 모토지로(梶井基次郎, 1901~1932)를 가리킨다. 이 시는 폐결핵으로 요절한 친구 가지이를 그리워하는 내용이다. 가지이와 미요시 다쓰지는 같은 고등학교를 나왔지만, 두 사람은 도쿄대학 재학 시절 동인지 『청공靑空』을 만들면서 만났다. 가지이와의 만남은 미요시 다쓰지의 문학에 있어 매우 중요한 의미를 지닌다. 가지이 모토지로의 대표작으로는 「레몬」이 있다.

길을 떠남 首途

한밤중에　격납고를 나온 비행선은
한바탕 기침을 하고　장미꽃 같은 피를 토하고
가지이 군 자네는 그대로 하늘로 올라갔다.
　친구여　아아 잠시 잠깐의 이별이다…　머지않아 나부터 찾을 것이다!

「레몬」의 저자 「檸檬」の著者

   계곡을 사이에 둔 산속 여관의 내 방
   그 창 새장에 커튼 자락이 걸려 있다
   하얀 미닫이문에 그림자를 비추며 여자가 홀로 복도를 지나간다
   아아 이런 날이었다 가지이 군 자네와 시골에서 지냈던 것도

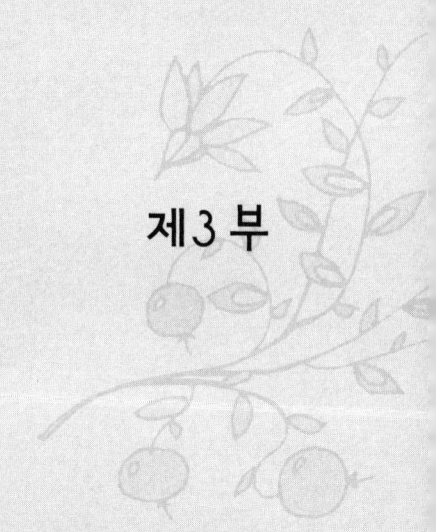

제3부

••••••••••
• 제3부에 수록된 시들은 미요시 다쓰지의 시집 『구사센리艸千里』, 『일점종一点鍾』, 『조채집朝菜集』, 『화광花筐』, 『낙타의 혹에 올라타고駱駝の瘤にまたがって』에서 뽑은 것들이다.

겨울날 冬の日
— 경주 불국사 근처에서

아아 지혜는   이러한 조용한 겨울날에
그것은 문득 뜻하지 않은 때에 온다
인적 끊긴 곳에
산림에
이를테면 이러한 절간의 뜰에
예고도 없이 그것이 네 앞에 와서
이럴 때   속삭이는 말에 믿음을 두어라
"고요한 눈   평화로운 마음   그 밖에 무슨 보배가 세상에 있을까"

가을은 오고   가을은 깊어   그 가을은 벌써 저만치 사라져 간다
어제는 온종일 거친 바람이 몰아쳤다
그것은 오늘 이 새로운 겨울이 시작되는 하루였다
그렇게 날이 저물어   한밤이 되어서도   내 마음은 안정되지 않았다
짧은 꿈이 몇 번인가 끊기고   몇 번인가 또 시작되었다
외로운 나그네 길에 있으면서   이러한 객사의 한밤

중에도
   난 부질없는 일을 생각하고   부질없는 일에 괴로워했다
   그런데 이 아침은 이 무슨 조용한 아침이란 말인가
   나무들은 모두 벌거숭이가 되고
   까치 둥지도 서너 개 우듬지 끝에 드러났다
   사물의 그림자들 또렷하고   머리 위 하늘은 너무 맑고
   그것들 사이에 먼 산맥이 물결쳐 보인다
   비바람에 시달린 자하문 두리기둥에는
   그야말로 겨울 것이 분명한   이 아침의 노랗게 물든
햇살
   산기슭 쪽은 분간할 수 없고 어슴푸레 안개 속에 사라진
저 아득한
   산꼭대기 푸른 산들은
   그 청명한   그리하여 마침내는 그 모호한 안쪽에서
   공간이라는   유구한 음악 하나를 연주하면서
   이제 지상의 현실을   허공의 꿈에 다리 놓고 있다

   그 처마 끝에 참새 떼 지저귀고 있는 범영루 기왓골 위

다시 저편 성긴 숲 나뭇가지에 보일 듯 말 듯하고
또 그쪽 앞의 조그마한 마을 초가집 하늘까지
그들 높지 않고 또한 낮지도 않은 산들은
어디까지고 멀리 끝없이
고요로 서로 답하고 적막으로 서로 부르며 이어져 있다
그런 이 아침의 참으로 쓸쓸힌
이것은 평화롭고 정밀한 경치이리라

그렇게 나는 이제 이 절의 중심 대웅전 툇마루에
일곱 빛 단청 서까래 아래 쪼그려
부질없는 간밤 악몽의 개미 지옥에서 무참하게 지쳐 돌아온
내 마음을 손바닥에 잡듯이 바라보고 있다
누구에게도 고할 길 없는 내 마음을 바라보고 있다
바라보고 있다—
지금은 허허로운 여기저기 주춧돌 주위에 피어난 들국화를
저 석등의 돌 등피 언저리에 아련하게 희미한 아지랑

이가 피어나고 있는 것을
  아아 지혜는　이러한 조용한 겨울날에
  그것은 문득 뜻하지 않은 때에 온다
  인적 끊긴 곳에
  산림에
  이를테면 이러한 절간의 뜰에
  예고도 없이 그것이 네 앞에 와서
  이럴 때　속삭이는 말에 믿음을 두어라
  "고요한 눈　평화로운 마음　그 밖에 무슨 보배가 세상에 있을까"

언덕 위에서 읊다 丘上吟
―부여 영월전 터에서

보름 밤의 달을 기다리매
옛날 백제왕이
강을 바라보고 산을 향하여
잔치를 벌였던 높은 누각의 이름은
이 언덕 위에 남아서
가을이 오면 가을비 내리고
메밀꽃 바야흐로 하얀
밭 가운데에 오래된 기왓장을
주우려고 서성거리다
흠뻑 젖은 소매이어라

길가에서 읊다 路傍吟
―경주 사천왕사 터에서

뭇사람은
근심 걱정 모르는 나그네라고
보고서 지나련다
그 옛날의
사천왕사 있던 자리
목화 열매 새하얀 밭 가운데에
오래된 기왓장을 주우면서
무거운 봇짐은 등에 늘어뜨리고서
오늘의 갈 곳마저 알지 못하노니 이 나 자신은

계림구송 鷄林口誦

원앙금침 신라 왕릉에
가을날은 지금 화창하노라

어디에서일까 닭 소리 아련히 들려
저만치 있는 농가에 다듬이질하는 소리 난다

길 멀리 온 나그네는
여기에 쉬리라 잔디는 아직도 푸르노라

목화밭의 목화꽃
골목길 깊숙이서 우는 귀뚜라미

소나무 가지 끝을 건너는 바람
풀잎을 나부끼고 가는 작은 시내

꾸벅꾸벅 관상(觀相)의 눈일랑 감으면
차례차례 일어서서 사라지는 것들의 소리

완연히 잠잠해진 때일진저　푸른 하늘 깊숙이
그러면서도 느릿하게 벌 하나 춤추듯 내려라

햇빛 받으며　돌 사자는 땅에 묻히고
절을 하는 거라며 돌 사람은 몸을 움츠렸노라

아아 어느 날에사 가는 자 여기에 돌아오는가
　왕도　왕비도　군중도　여덟 갈래 갈림길도　높다란 누각도

꿈보다 가벼운 얇은 옷을 걸치고 춤추는 무희의
환영인가 이것은 얼룩 구름　나무 숲 가지 끝을 날아가서

얼어서 서리처럼 보이는 이슬에 내가 지나온 풀 길
왕궁이 있던 터　뒤돌아보면

목덜미 뻗고서 꼬리 늘어뜨리고 선　큰 소
그림자 때문에 멈추어 섰다

푸른 하늘이며
흙 쌓아 만든 언덕이며

진실이어라 멸망한 것들은
한결같이 땅속에 스며들어서

까치는
소리 없이 걷고

풀 이삭에
가을바람 분다

오늘도 여행 간다 けふも旅ゆく

오늘도 여행 간다 한국의
가을 둑에서 우는 종달새
듬성듬성 피어 있는 오랑캐꽃
아무 이유 없이 가슴을 찢는구나

파이프 パイプ

우주는 누구의 파이프일까
작년 봄에는 재가 되었고
올봄에 불이 켜진다
우주는 누구의 파이프일까

눈물 涙

그 어느 아침 하나의 꽃의 화심(花心)*에서
어젯밤 비가 넘쳐흐를 만큼

작은 것
작은 것이여

네 눈에서 네 속눈썹 사이에서
이 아침 네 작은 슬픔에서

아버지의 손에
넘쳐 떨어진다

지금 이 아버지의 손 위에 잠깐 동안 따뜻한
아아 이것은 무엇인가

그것은 아버지의 손을 적시고
그것은 아버지의 마음을 적신다

그것은 먼 나라로부터의
그것은 먼 바다로부터의

그것은 이 애틋한 아버지의   그 아버지의
그 또 아버지의   환영(幻影)의 고향으로부터의

새 노래와   꽃 향기와   파란 하늘과
아득히 이어진 산천과의

—바람의 편지
그리운 계절의 편지

이 아침   이 아버지 손에
새로이 전해진 소식

....
* 화심 : 꽃술이 있는 부분.

한아한 오전 閑雅な午前

　보라　아직 이 고목인 채 있는 느티나무 우듬지 쪽을
　그 우듬지의 가늘고 잔 그물코 끝에도
　이미 부풀어 계절의 목숨은 솟아오르고
　마치 숨을 죽이며 조용히 있는 아이들 무리처럼
　그 아직 눈에도 띄지 않는 작은 나무 싹의 무리는
　서로 팔꿈치를 괴고　소리 없는 그들의 말로 뭔가 서로 속삭이며 말을 주고받고 있는 기운
　봄은 이미 거기 잔디에 내려앉은 나뭇잎 사이로 비치는 햇살 그 줄무늬 결 모양에도 어른거리고
　얕은 물에는 갈대 싹이 쑥쑥 날카로운 뿔을 슬쩍 비쳤다
　오랫동안 슬픔에 잠긴 것에게도　봄은 희망이 되돌아오는 때
　새로운 용기나 공상으로
　봄은 또 새로이 출항의 돛을 높이 올리는 계절
　종달새나 제비도 이윽고 먼 나라에서 여기로 돌아와
　우리들 머리 위에 어지러이 날며 노래 부르리라
　제비꽃,　민들레,　고사리나 머위나 죽순이랑　나비나 벌,　뱀이나 도마뱀이나 청개구리

이윽고 그들도 모두 모여　아지랑이 횃불을 태우며 밀려온다

아아 그 왕성한 봄의 조짐은 사방에서 나타나고 ˙

눈에 보이지 않는 안개처럼 길게 뻗고 있는 화창한 오전

어딘지도 모르는 쪽　아득히 먼 하늘 깊은 곳에서 울고 있는 까마귀 울음도

하나가 되어 구름처럼 길게 퍼져 있고　꿈처럼　진리처럼

흰 구름을 어깨에 두른 작은 산을 둘러싸고 들려오는

아아 참으로 계절의 이러한 화창한 때　이런 한아한 오전에 생각한다

— 인생이여　오랫동안 거기 있어라!

늦여름 晚夏

달리아 울타리에서는 달리아를 보았다
새빨갛게 타오르는 달리아꽃
또 해바라기 울타리에서는 해바라기를 보았다
무겁고 눈부신 내음 중화민국의 훈장이다
뜨겁게 타는 모래 위에서 거기에서 나는 언제까지고
멀리 맞은편 삼십 리 해변의 모래밭 쪽을 바라보고 있었다
뒤에서 뒤에서 뒤에서
난바다의 파도가 밀려와 높이 쳐올리는 삼십 리 해변의 모래밭
두루뭉술한 모래 해변에 가냘프게 자란 소나무가 흐릿하게 보인다
가냘프게 자란 소나무 우듬지 너머
멀리 훨씬 맞은편 쪽에 희미하게 보이는 하찮은 산들
그런 쓸쓸한 곳의 풍경
또 난바다의 섬—
난바다 난바다 아련히 시계를 지워 가는 실루엣 같은 난바다의 섬 모습

나는 또 여자 아이들이 하듯이 예쁜 돌이랑 조개껍질을 주워 모아 바라보고 있다
　(이상하면 웃어 줘요)
　내 못생긴 손에 올려놓고 아름다운 것을 바라보고 있었다
　하늘에는 까마귀가 흩뿌려지고
　슬슬 서쪽이 불타기 시작해서 새빨갛게 그것이 붙탔을 테니까
　그곳 모래에 끌어올린 작은 배 가장자리에 걸터앉아
　나는 또 우두커니 언제까지고
　신의 궁전이 불에 타 내려앉아—소방수도 펌프도 뿔뿔이 어딘가로 돌아갈 때까지
　(로마도 불탔다　장안도　또 베를린도　도쿄도)
　하늘 깊숙이 바라보고 있었다
　난바다 물결에 뒤집히는
　선미(船尾)에도 반짝반짝 희미한 불빛이 보일 때까지

　　한 마리 나는 새는
　　친구 좇는 새야

거친 파도 이는 바닷가

한 마리 나는 새는
목이 긴 새
엉덩이 무거운 새

한 마리 나는 새는
날이 저물어 날아가네
거친 파도 이는 바닷가

그 바닷가에 나부끼는 연기처럼 해조가 넘실거리고
물에서 무리 지어 나오는 해녀들
그물은 뒤얽힌 채 제 자신을 말리고
나는 그곳을 방황하며 하찮은 벌레가 달아나는 것도
옆으로 길게 쓰러진 채 구르고 있는 노후선(老朽船) 배 바닥도
하나하나 둘러보았다
차츰차츰 주위가 어둑어둑해지고

지치고 굶주린 감정으로 그곳의 사물들을 둘러보았다
이렇게 지나가는 여름
그런 계절의 뒷모습을 그렇지만 나는 배웅하고 있었던 것은 아니다
아아 그렇게 하지 않았다
바위가 튀어나온 벼랑의 뾰족한 끝 그 샛길에 서서
다시금 밀려와 울려 퍼지는 파도 소리 위에서 이미 이미 내가 잃어버린 모든 것을
먼 저편에서 나는 알고 있었으니까 —

구사센리하마 艸千里浜

나 일찍이 이 지방을 여행했던 적 있노라
새벽녘의 이 산 위에   나 일찍이 섰던 적 있노라
히노쿠니의 오아소산
들판에는 푸른 풀 무성하고
산꼭대기에 연기 나부끼는 산의 모습은
그 옛날과도 변함없고
둥그런 모습의 외륜산은
오늘 또한
추억의 남빛에 그늘져 있나니
꿈인 듯 꿈이 아닌 경치로구나
그렇긴 하지만
젊은 날의 나의 희망과
스무 해의 세월과   벗과
나를 두고서 어디메로 갔느뇨
그 옛날의 그리던 사람과
가는 봄의 이 흐린 날이여
나 혼자 나이 먹어
아득히 여행을 또 왔노라

지팡이에 의지해 사방을 바라보노니
히노쿠니의 오아소산
망아지 노니는 고원의 방목장
이름도 구슬픈 구사센리하마

----
* 구사센리하마 : 일본 구마모토현에 있는 활화산인 아소산의 중앙 화구 언덕의 하나로, 초원처럼 펼쳐져 있어 말을 방목한다.

오아소* 大阿蘇

빗속에, 말들이 서 있다
한 마리 두 마리 망아지가 섞인 말 떼가 빗속에 서 있다
비는 쓸쓸히 내리고 있다
말들은 풀을 뜯고 있다
꼬리도 잔등도 갈기도 흠뻑 젖고
그들은 풀을 뜯고 있다
풀을 뜯고 있다
어떤 놈은 또 풀도 뜯지 않고 멍하니 목을 늘어뜨린 채 서 있다
비는 내리고 있다 쓸쓸히 내리고 있다
산은 연기를 피워 올리고 있다
나카다케 꼭대기에서 누런 육중한 화산 연기가 뭉게뭉게 피어오르고 있다
하늘 가득한 비구름과
이윽고 그것은 분간할 수 없게 이어져 있다
말은 풀을 뜯고 있다
구사센리하마 그 어느 언덕
비에 씻긴 푸르른 풀을 그들은 열심히 뜯고 있다

뜨고 있다
그들은 모두 거기에 조용히 서 있다
흠뻑 비에 젖어서 언제까지나 한자리에 그들은 조용히 모여 있다
만일 백 년이 이 한순간에 흐른다 해도 아무것도 이상하지 않으리라
비가 내리고 있다 비가 내리고 있다
비는 쓸쓸히 내리고 있다

....
* 오아소 : 구사센리하마의 아소산을 가리킨다.

일점종 이점종[*] 一点鍾二点鍾

조용했다
조용한 밤이었다
때때로 갑작스레 바람이 불었다
그 바람은 그대로 먼 곳으로 불며 지나갔다
한두 순간 지나고 더 조용해졌다
그렇게 밤이 깊었다
그런 작은 회오리바람도 그후 골짜기를 달리지 않는다…

한시를 쳤다
두시를 쳤다

한 세기의 반을 살아온 얼굴빛이 노란 노인의 저 오래된 벽시계

....
* 일점종 이점종 : 점종이란 물시계의 때를 알려 주는 종을 가리킨다. 일각(지금의 두 시간에 해당)을 4분의 1로 나눈 것이 일점이며, 그때 울리는 종이 일점종이다. 그러니까 일점은 30분에 해당한다.

벽시계의 한밤중의 노래
산 밑 겨울의 여관의
아아 저 일점종
이점종
그 노랫소리가
내 귀에 되살아난다
그 울적한 노랫소리가
나를 부른다
나를 초대한다

뜰의 햇빛에 멍석을 깔고
아내는 아이와 놀고 있다
풍차가 돌아가는 풍차 오두막집
— 장난감인 밀가루 가게 창구에서
모래 빵가루가 흘러나온다
빵가루인 모래 한 숟가락을
밀가루 가게에 떨어뜨린다

빙글빙글 돌아라 풍차…
빙글빙글 돌아라 풍차…

탁상의 백합 화심은
촉촉이 땀에 젖어 있다
나는 그것을 들여다본다
그리고 나는 내 귀의 환청에
지나간 먼 계절의
조용한 밤을 듣고 있다
듣고 있다
아아 저 일점종
이점종

당나귀 驢馬

귀 기울여라
당나귀

큰 소리로 울어라
당나귀

꼬리를 흔들어라
당나귀

달려 나가라
당나귀

풀을 뜯어라
당나귀

그림자를 보라
당나귀

너
당나귀여!

그렇지만 정서는 けれども情緒は

　그렇지만 정서는 봄과 같다
　한 노인이 그렇게 중얼거렸다
　불탄 벌판의 돌계단 위에서
　고독한 무릎을 안고 있는 하나의 운명이 그렇게 중얼거렸다
　아내도 없고 가정도 없고 이웃 사람도 없고
　명예도 희망도 직업도　돌아가야 할 고향도 없고
　가난한 누더기에 싸여　말을 다한 쓸쓸한 하나의 이야기
　골짜기를 사이에 두고 맞은편에서 되돌아오는 메아리 같은　노인이 그렇게 중얼거렸다
　바지런한 아내　상냥한 가족　익숙한 삶의 습관과 이웃 사람과
　그 자그마한 행복의 모든 것이 일찍이 거기에 있었다
　불타 버린 돌계단 위에서
　황혼녘 비에 사라져 가는 일직선 수로 맞은편
　수은색 원경에 기형(畸形)으로 일그러진 채 떨고 있는 전재(戰災) 빌딩의 어깨 너머로
　병색이 도는 가난한 아이들이 부르기 시작하는 창가

소리—

  그것은 드문드문 휑하니 또한 즐거운 듯 반짝이기 시작한 도시의 불빛
  아아 그 장밋빛 눈동자 멀리 빛나기 시작한 눈짓이
  그러나 지금 내게 아무런 관련이 없으리라
  또 그 훨씬 맞은편 하늘에 묵직하고 어둡게 가라앉는 산맥에
  나의 오늘 하루가 가로막히며 결국은 허무한 암흑 속으로 사라져 가는 황혼녘에
  언제까지나 언제까지나
  덧없이 바람에 흔들리고 있는 버드나무 그림자를 떠나지 않는 이 온화한 이 피곤한 이 고독한 정서는 정서는 마치 봄과 같다…
  한 노인이 이마를 숙이며 그렇게 중얼거렸다
  그렇지만 정서는 정서는 마치 봄과 같다
  제멋대로 무성하게 우거진 초원
  — 초원의 나무 우듬지들이 시들시들해지고 다 말라 버린 그 주변에

무겁게 괴어 있는 수로의 물이 썩어 있었다

거기 일대에 막 무너져 내린 벽돌 벽 사이에서   참새 떼가 날아올랐다

일시적인 추억인 듯   하나하나 허약한 날개를 퍼덕이며 항간의 작은 새도 날며 떠나가는 저녁나절이다

안개처럼 내려오는 조금은 축축한 겨울비 속에서

그렇지만 정서는   정서는 지금의 이 남자에게

어슴푸레해진 먼 봄날을 생각하게 했다

먼 사막의 모래 위에서 배고파서 굶어 죽어 가는 메뚜기 같은 감정에

가난한 빛이 떨어지려 하는 아련한 내경(內景)으로부터 듣는 이도 없고 노인은 혼자 중얼거렸다

그렇지만 정서는   정서는 마치 봄과 같다

겹겹의 조망 二重の眺望

  아아 이 여름의 한낮 너무나 밝은 남쪽 하늘 먼 방향
  정체를 알 수 없는 먼 곳에서 들려오는 무슨 소리와 조용함과
  쓸쓸하게 흐르는 연기 같은 하나의 소리를 듣고 있는 것은 내 그림자
  그 주위의 타는 듯한 황토빛 언덕을 바라보고 있는 것은 나와 그리고 내 그림자
  아아 겹겹으로 쓸쓸한 조망
  그렇지만 무언가 이상하게 마음이 들뜨는 듯한 이것은 도회의 길이다
  아침부터 그것들을 메고 온 내 어깨에 태양은 무겁고 또 가볍다
  어디에도 전에부터 알고 있던 건물은 없고 내가 오늘 머물 집도 없다
  과거와 미래가 뒤얽힌 이것은 분명히 또 하나의 도쿄
  우뚝 솟아오른 황토빛 언덕의 덩어리다
  놈들이 바다에 떠 있고 놈들이 하늘에 떠 있다 그 녀석들을 귀뚜라미가 떠받치고 있다

멀리서 들려오는 소리도 뒤섞인   조용한 조용한 한낮이다

이리狼

아아 무서웠어요!

소녀는 내 무릎에 뛰어들어 와 두 손으로 감싼 얼굴을 내 무릎에 묻으면서

아아 무서웠어요!

라고 되뇌었다. 차가운 몸이 굳어지고, 고아처럼, 여윈 어깨로 숨을 쉬고 있다. 나는 아버지인 듯한 기분이 되어, 두 손으로 그녀의 등을 감쌌다.

아아 무서웠어요, 정말로 무서웠어요, 갑자기 이리를 만났어요, 산에서.

산에는 이리가 있었니?

금빛 눈, 새파랗게 난 털, 다리 같은 건 허공에 뜨고, 불 같은 입에서 시뻘건 혀가 불타오르고, 꼬리… 꼬리는 바람 같았어요, 아아 무서웠어요, 갑자기 풀숲에서 뛰쳐나왔어요, 그 이리.

아아, 아아.

하고 나는 다소곳이 들으며 고개를 끄덕였다.

저는 혼자서 산에 갔어요. 친구 같은 건 없어요. 혼자서 자꾸 산속 깊이 갔어요. 산책을 갔어요. 노래를 부르고.

혼자서, 노래를 부르고, 그런 산속 깊이…

예, 언제든지 그래요, 그러면 그러면 말이죠, 금빛 눈을 가진, 새파란 함초롬한 털이 난…

이리가…

갑작스레 풀숲에서, 내가, 느끼자, 벌써 눈앞에, 코앞에, 와 있었어요.

불길 속에, 불타올랐어, 파란 털에 불이 붙었고, 낙랑의, 벽화 속에서 도망쳐 나와, 응, 그 그림처럼, 다리는 이미, 허공에 떴고, 어깨에서 큰 날개가 생겨나며…, 시뻘건 혀가 감겨 올라가며…

나는 그렇게 혼자서 그 다음 이야기를 계속하면서, 소녀의 얼굴을 가까이서 들여다보았다. 소녀는 벌써, 내 무릎에서 얼굴을 들어, 어느 사이엔지, 내 어깨에 기대고 있었다.

아아 무서웠어요. 정말로 무서웠어요, 나, 뒤도 돌아보지 않고 달려서 돌아왔어요, 쏜살같이, 쏜살같이, 무릎이 엉클어지고, 숨이 차도, 정말로 뒤도 돌아보지 않고 달려왔어요, 아아 무서웠어요, 무서웠어요…

무서웠지, 그 이리…

아저씨, 그 이리, 아저씨도 알고 계시는, 산에서, 만나셔서…

아니, 아저씨는, 산에서는 안 만나.

나는 왠지 고개를 숙이고서 그렇게 대답했다. 소녀는 온몸으로, 그때, 내 어깨에 기대기 시작했다, 늘 내 딸이 하는 것처럼.―어쩌면 이건 꿈인 것 같다고, 마음 한구석에서, 나는 조금 깨닫기 시작했다. 그렇지만 나는 이렇게 대답했다.

아저씨는, 아저씨는 말이지, 산에서는 아니야, 그렇지만 아저씨는, 그 이리라면 본 적이 있어, 도쿄, 거리의, 한 가운데서, 긴자 거리의, 전철 길에서.

꿈은 거기에서 깼다. 소녀의 말은, 아직 내 귀에 남아 있었다.

……

까마귀鴉

먼 지방의 선착장에서 나는 오 년이나 살아왔다
나는 언제나 외톨이로 쓸쓸한 창에 멍하니 기대며 살고 있었던 것이다
아아 그 오랫동안 나는 무엇을 보고 있었을까
까마귀 까마귀 까마귀 저 음침한 음울한 패거리들
오늘도 생각나는 것은 놈들에 관한 것들이다
저 걸신들린 놈들이 자나 깨나 아주 외진 하늘에 흐트려져
고깃배가 뜬 바다 위까지 저 놈들이 바다를 마구 휘저었다
아침놀에도 저녁놀에도
모처럼 그림물감으로 곱게 칠한
그 근처 온갖 풍경을 엉망진창으로 만들고
저 녀석들은 불난 집의 도둑처럼 이리저리 소란을 피웠다
참 얼마나 포악스럽고 천박한 놈들이냐
이른 아침의 동틀 녘부터
놈들은 부지런히 먼 곳까지 나갔다
그렇게 거기 그 모래사장에서 왠지 어수선하게 썩은

머리 같은 것을
  볼이 미어지게 입에 넣기도 하고 주워 담기도 하고
  하품을 하거나 싸움을 하기도 하고
  그리고 고개를 갸우뚱거리기도 하고
  그렇게 도시의 어린애들이 해질 무렵 자전거를 밟듯이
  녀석들은 불안하게 날개를 퍼덕이며
  뒤에서 뒤에서 뒤에서 바다를 건너 돌아온 것이다
  그렇지만 어떻게 될까?
  앞으로 오백만 년이나 분명 녀석들은 멸망하는 일은 없을 것이다
  그런 쓰라린 생각에서
  나는 언제나 혼자서 결국 몹시도 우울해지고 만 것이다
  게다가 오늘은 도쿄 긴자의 네거리에서
  다른 사람도 아닌 나는 또 저 녀석들 생각을 하고 있는 것이다
  어쩌면 쓸쓸한 회고일 것이다
  웃어 주라!
  여기에서는 멋진 핸드백이 왠지 저 녀석들 흉내를 내고

이 해질 무렵의 조금 흐릿해진 바다 위를 불안하게 날개를 퍼덕이기 때문일 것이다.

스승이여, 하기와라 사쿠타로*
師よ 萩原朔太郎

유수(幽愁)의 울괴(鬱塊)
회의와 염세의　사색과 방황의
당신 그 그리운 인격은
미적지근한 용암과 같은
불가사의한 음악 그대로 불후의 응고체—
아아 그 잿빛의 그 누구의 손도 잡을 재간 없는 그림자
그토록　당신은 그 그림자처럼 표표히
늘 초라해진 쓸쓸한 뒷골목 좁은 길을
당신은 언제나 당신의 그 인격이 풀어헤친 듯한 매혹적인 음악에 빠져 그걸 들으면서
아아 그 환청과 같은 하나의 음악을 마음에 장단을 맞추면서

∙∙∙∙∙∙∙∙∙∙∙
* 하기와라 사쿠타로 : 1886~1942. 일본 근대시사를 대표하는 시인의 한 사람으로, '구어 자유시의 완성자'로 불린다. 다쓰지가 스물일곱 살이던 1927년 두 사람은 처음 만났다. 이 시는 평소 존경심과 인간적 신뢰를 가졌던 스승 사쿠타로가 세상을 떠났을 때 쓴 추도의 시이다. 가지이 모토지로가 다쓰지에게 문학적 자양분을 제공했다면, 사쿠타로는 다쓰지의 시 전체에 영향을 끼친 인물이었다. 대표 시집으로는 『달에게 짖다』, 『청묘』, 『나비를 꿈꾸다』, 『순정 소곡집』 등이 있다.

당신은 또 때로는 고독한 이의 엉뚱한 생각과 해학으로 그득 넘쳤고
— 술에 몹시 취해
땅거미 질 무렵 어수선한 자전거가 지나가는 사이를 거니시는
아아 그런 당신의 심리 풍경을 상상해 보는 자도 없다
도시의 혼잡을 틈타
(문학인들 속에 숨어 있었지)
당신은 마치 탈옥수처럼 혹은 또 그를 추적하는 밀정처럼
두려워했고 전율했고 긴장했고 추리했고 환상을 품었고 착각했고
표표히 그림자처럼 뒷골목을 거니시는
말하자면 당신은 한 사람의 무뢰한 부랑인
여행을 싫어하는 방랑자
몽유병자
제로의 제로

그리고 당신은 이 성대(聖代)에 실로 지상에 존재한 하나뿐인 시인
 둘도 없는 첫째가는 유일한 최상의 시인이었습니다
 당신만이 인생을 단지 그대로 똑바로 순수하게 소리 높여 노래하는
 글쟁이들의 에누리 없는 그대로 소리 높여 노래하는
 이상한 말을 이상한 기술을 이상한 지혜를 갖고 있었다
 당신은 시어의 컴퍼스로 당신의 항해 지도상에
 정밀한 귀중한 생기 있는 인생의 최근사치를 우리들의 아메리카 대륙을 발견했다
 당신이야말로 오로지 시계(詩界)의 콜롬부스
 당신 앞에서 빛 좋은 개살구의 말솜씨 뛰어난 나무 인형들이
 제자를 모아 놓고 설친다 (이것이 세상이라는 거다
 문인묵객 고물 시장 출신을 알 수 있는 녀석은 없다)
 까만 리본에 장식된 요전 날 밤은 당신 사진 앞에서
 잠깐 눈물이 났지만

생각건대 당신의 인생은   밤하늘을 떠다니는 별처럼
단순하게   솔직하게
높게   아득하게
찬란히
우리들 머리 위를 날며 지나갔다
스승이여
누가 당신의 고독을 탄식하는가

가정 家庭

아들이 학교에 가기 때문에
아버지는 매일 시를 썼다
시는 모자나 초등학생용 배낭이나
교과서나 크레용이나
작은 박쥐 우산이 되었다
사월 일일
벚꽃이 피는 도시를
아들은 어머니에 이끌려
오래된 성안에 있는
초등학교 제일학년
입학식에 갔다
조용해진 집 안에서
아버지는 나이 먹은 가정부와 둘이
오랜만에 듣는 것처럼
직박구리가 우는 것을 듣고 있었다
바다가 우는 것을 듣고 있었다

침상구점* 枕上口占

내 시는
하나의 시작이면 된다

내 집은
허물어지기 쉬운 집이면 된다

날마다 날마다 사라져 가는
아아 이 나들이의　지루함

내 시는
사흘 동안 지탱하면 된다

어제와 오늘과 내일
그저 그 유물이면 된다

....
* 침상구점 : 누운 채 즉석에서 시를 지어 읊음.

또 又

내 시는 새벽녘 서쪽 하늘에 있는
어제의 달

머잖아 지평의 건너편으로 가라앉을 어제의 달에게 주는
전별이다

이미 나는 거기에 없다
그것은 내 거처가 아니다

읽는 사람이여 가련하다고 생각하라
내 시가 나를 쫓는다

내 시가 나를 쫓는다
끝없는 유사(流砂)* 속

....
* 유사 : 물에 밀려 흘러내리는 모래.

천춘우어 *淺春偶語

벗이여　우리 20년이나 시를 썼고
이미 우리의 생애도　이렇게 나이를 먹어 버렸다

벗이여　시가 번창하지 않는 나라에 있으면서
우리 오랫동안 가난한 시를 줄곧 써 왔다

고독이며 실의며 가난이며　나날이 사라지는 공상이며
아아 오랫동안　우리 20년이나 그것을 노래했다

우리는 참을성이 강했다
그리고 우리도 나이를 먹었다

우리 뒤에　지금은 무엇이 남아 있는가
묻지 마라　지금은 아직 뒤를 돌아볼 때가 아니다

....
• 이 시는 시인의 친구인 마루야마 가오루(丸山薫, 1899~1974)가 『물상시집物象詩集』을 출간했을 때 그 시집을 기증 받고 쓴 작품이다.
* 천춘우어 : 초봄에 두 사람이 서로 마주 보고 말을 함.

비애와 탄식으로 우리는 이미 가득하다
그것은 배를 가라앉힌다 이 위에 더는 짐을 무겁게 하지 마라
우리 희한한 시대에 태어나
희한스럽게도 살았던 것이다

그리고 우리의 생애도 차츰차츰 저녁때에 가까워졌다
벗이여 우리 20년이나 시를 쓰면서

시의 비탄으로 나이를 먹었다 그럼 또
조심하게 벗이여 요즘은 술도 안 좋아!

| 지은이 소개 |

실험 정신과 전통성의 조화
— 미요시 다쓰지의 시와 사상

　미요시 다쓰지(三好達治, 1900~1964)는 '일본의 국민 시인'이라고 불릴 만큼 일본의 근·현대 시사에서 차지하는 비중이 높은 인물이다. 그는 오사카에서 태어났고 도쿄대 불문과를 졸업했다. 처음에는 육군유년학교에서 사관학교로 진학하며 군인의 길을 걷고자 했으나, 7년간의 군인 교육을 접고 스물두살의 나이로 다시 고등학교에 입학했다. 그는 어린 시절 집안이 가난하여 열 번이나 이사를 했고 다른 집에 양자로 가야만 하는 등 적잖은 방랑의 시간을 보냈으며, 또한 병약했다. 물론 이러한 유년기의 경험은 후에 시를 통해서 나타난다.
　도쿄대 재학 시절, 고교 동창생 가지이 모토지로(梶井

基次郎) 등이 주축이 되어 만든 동인지『청공青空』에 참가하여 「유모차」,「돌 위」 등을 발표하면서 본격적으로 시인으로서 활동하게 된다. 이때 그는 20대 중반의 나이였다. 그후 1928년 동인지『시와 시론詩と詩論』 등에 참가하여 창작과 번역 활동을 했다. 1929년 번역한 보들레르의 산문집『파리의 우울』은 보들레르의 번역서 중 고전적 명역으로 손꼽힌다.

이러던 중 그가 일본 시단에서 뛰어난 시인으로 인정받게 되는 것은 1930년 첫 시집『측량선測量船』을 출간하고 나서이다. 서정전아(抒情典雅)한 시풍과 서구 상징시풍의 날카로운 시적 이미지를 동시에 지닌 이 시집은 쇼와 신시(昭和新詩)의 대표적 시집으로서, 미요시 다쓰지에게 시인으로서의 명성을 안겨 준다. 물론 이 시집은 오늘날에도 그 가치가 남다르다. 이『측량선』에 실린 「눈」·「유모차」·「돌 위」 등은 전자의 경향을,「까마귀」·「사자」·「향수」 등은 후자의 경향을 나타내는 대표작이다.

이 시집은 어머니에 대한 사랑을 주제로 하고 있다는 평을 받을 만큼,「유모차」·「눈」·「메아리」·「정원」·「향수」 등에는 어머니를 그리는 마음이 깊숙이 내장되어 있다. 특히 여기에 실린 시 중에서 「거리」는 그가 스무 살 때 군인의 신분으로 우리나라 함경도 회령에 근무할 때의 기억을 바탕으로 하는 것이어서 한국인의 관심을 끄는 작품이다.

1932~1935년 사이에 미요시 다쓰지는 자신에게 모더니스트로서의 이미지를 심어 주는 사행 시집 『남창집南窓集』·『한화집閑花集』·『산과집山果集』 등을 출간하는데, 이 시집들은 자연에 대한 섬세한 관찰을 보여 주었다. 또한 과거에 대한 성찰이나 미래에 대한 희망을 담아내는 작품들을 통해 우주적 차원으로 확장된 상상력을 드러냈다.

1934년 그는 호리 다쓰오(堀辰雄), 마루야마 가오루(丸山薰) 등과 함께 동인지 『사계四季』의 편집 동인이 되어 활동했다. 이 시기 역시 주목할 만하다. 다쓰지는 쇼와 전전기(戰前期) 시단의 주류를 형성한 이 잡지의 중심적 존재였다. 그 시풍은 쇼와 초기의 프롤레타리아 시가 정치적 슬로건 이상의 표현을 획득하지 못했을 뿐 아니라 『시와 시론』의 모더니즘이 도시인의 지적 유희에 빠져들고 있던 데에서 벗어나, 전통적인 자연 감각·언어 감각에 뿌리를 둔 시의 순화와 정신의 시적 질서를 부여하는 것이었다. 후에 당시의 시단을 대표하는 다치하라 미치조(立原道造), 하기와라 사쿠타로(萩原朔太郎), 나카하라 주야(中原中也) 등이 참여하여 이 잡지는 그야말로 쇼와 시단의 중요한 그룹을 형성하는 시사적으로 중요한 동인지가 되었다.

다쓰지는 1939년과 1941년 시집 『구사센리艸千里』와

『일점종一點鍾』을 간행하며 서정 시인으로서의 이미지로 회귀한다. 삶에 대한 회고를 영탄으로 풀어낸 이 두 시집은 불혹에 이른 삶의 관조와 그에 어울리는 사색의 깊이가 주류를 이룬다. 또한 이『일점종』에 수록된「언덕 위에서 읊다」·「길가에서 읊다」·「겨울날」·「계림구송」 등의 시편은 한국의 경주와 부여 등을 돌아보며 지나간 역사를 회고하는 지식인의 사유를 보여 준다. 그는 일본의 식민지였던 한국의 장구한 역사와 보편적인 가치에 몸담으려는 의지를 표현했다. 즉 우리는 이 시들을 통해 '조선의 역사와 그 역사와 시인의 합일화'라는 중심 주제를 확인하게 된다.

그러나 시인 미요시 다쓰지는 1942~1945년에 간행된 『첩보에 이르다捷報にいたる』,『한탁寒柝』,『간과영언干戈永言』이라는 세 권의 전쟁 시집을 통해 서정 시인 혹은 주지 시인의 이미지와는 확연히 구별되는 시를 남기기도 했다.

지천명의 나이를 넘기고 그가 남긴 대표 시집으로는 1952년에 출간된『낙타의 혹에 올라타고駱駝の瘤にまたがって』가 괄목할 만하다. 여기서 그는 전쟁 후의 사회에 대한 '풍자와 해학, 그리고 자기 희화화'라는 키워드를 중심으로 알레고리와 이원론적 구성 방법 등으로 시를 꾸렸다. 이것은 그가 보여 준 또 하나의 시 세계였다.

이처럼 시인 미요시 다쓰지는 왕성한 실험 정신을 바

탕으로 일본의 전통적 정조를 살려 낸 서정 시인이다. 또한 당대 일본의 많은 시인과 마찬가지로 서구 모더니즘의 영향을 받아 주지적 경향의 시를 쓴 시인이기도 하다. 그가 서정 시인과 주지 시인의 양자적 특성을 살린 작품을 일본 시단에 남겼다는 점에서 당시 일본의 다른 시인들과의 차이점을 찾을 수 있으며, 이는 시인으로서의 특이한 경력을 말해 주는 것이다.

더욱이 한국인의 입장에서 보면, 그는 일정 기간 한국에 머무르거나 식민지 한국을 여행하는 등 우리나라와 관련을 맺은 인물이었다는 점은 흥미롭다. 그의 시 전체에 나타나는 한자 애호 및 중국 시인에 대한 지대한 관심 그리고 프랑스 상징시로부터의 영향 등을 감안한다면, 그는 동아시아의 문화 전반을 반영한 시인인 동시에 서양의 시 세계를 흡입한 인물로 평가할 만하다.

| 옮긴이의 글 |

소설에만 편중된 일본 문학 편식에서
벗어나는 계기가 되기를

 미요시 다쓰지, 그는 일본인 사이에서는 국민 시인으로까지 각인되어 있다. 그러나 우리나라에서는 아직 생소하다. 1930년 출간된 첫 시집 『측량선』은 그에게 시인으로서의 명성을 안겨 주는 중요한 계기가 된다. 물론 우리나라 현대 시인들에게도 적잖은 영향을 끼쳤을 것으로 생각된다.
 나는 몇 년 전에 사석에서 시인 김광림 선생님과 일본의 현대 시인들에 대해 대화를 나눈 적이 있는데, 그때 선생님은 다쓰지를 한국의 김소월로 비유하셨다. 다쓰지가 일본 특유의 정감을 살린 서정시를 썼다는 점에서 상당 부분 공감이 가는 이야기다. 아직은 한국과 일본, 두

나라 시 문학의 비교 연구가 이루어지지 않고 있지만, 우리나라의 일부 학자는 미요시 다쓰지가 미당 서정주 선생님의 시에 영향을 주었다고 쓰고 있다.

시인 다쓰지는 젊은 시절 군인의 신분으로 우리나라에 머문 적이 있었고, 또한 일제 식민지 시기에 우리나라를 방문하여 주옥같은 시를 남긴 인물이다. 그런 의미에서 보면 우리 한국과도 소중한 인연을 맺고 있다.

지금 일본에서는 한류가 일고 있다. 영화나 드라마에서 일기 시작한 열기가 시 영역으로 번지고 있다는 내용을 얼마 진 모 일간지에서 톱기사로 소개했다. 일본인은 시에 대해 한국인만큼 큰 열의를 가지고 있지 않은 민족이다. 하이쿠에 대한 관심은 지대해도 자유시에 대한 관심은 적다. 이런 일본인이 한국의 시에 관심을 가지고 많이 읽는다는 것 자체가 즐거운 일이다.

우리는 어떠한가. 일본의 시에 대한 관심은 황무지에 가까우리만큼 척박하다. 우리나라에서 일본의 시가 소개되고 번역된 것은 최근의 일이고, 그나마 미미한 형편이다. 소설 쪽에서 보면 일본 소설은 한국의 독자를 사로잡으며, 베스트셀러 혹은 스테디셀러로서의 기능을 다하고 있다. 내가 일본의 대표 시인 미요시 다쓰지 시집을 번역·출간하는 까닭은 이러한 한국의 번역 환경과 맞닿아 있다. 일본 시인의 시가 우리나라에 제대로 소개되지 않고 있다는 현실이 오래전부터 번역자에게는 안타까운 일이었고, 또한 늘 중요한 과제 하나를 짊어지고 다니는 듯한 기분이 들었다. 일본 시 문학을 공부한 젊은 문학도들이 일본 운문 문학을 번역 소개하는 작업을 해야만 한다는 소명의식 같은 것이 늘 내 머릿속을 맴돌고 있었던 것이다.

내가 많은 일본 시인 중에서 미요시 다쓰지의 시를 만난 것은 대학 2학년 때인 1983년이었다. 그때만 해도 문학청년의 길을 걷고자 하는 의지가 남다르던 나는 당시 모 대학 신문에 시를 발표한 적이 있었다. 그때 내 시를 정성스럽게 읽어 주신 분이 동국대학교 김사엽 교수님이다. 그리고 교수님께서 나를 연구실로 불러 추천해 주신 작품이 다쓰지의 시이다. 다쓰지의 시와 내 시의 경향이 비슷하니까 잘 읽어 보라고 하시면서 다쓰지의 시가 담긴 두꺼운 책을 건네주신 일을 23년이 지난 지금도 생생하게 기억하고 있다. 그때 읽었던 다쓰지 시에 대한 감동은 석사 논문과 박사 논문으로 이어졌고, 내가 일본 근·현대시를 전공한 중요한 계기가 되었다.

미요시 다쓰지 시선집 번역·출간을 계기로, 앞으로 우리나라에 일본 근·현대 시인들의 작품이 속속 번역·출간되어 우리 독자에게 읽혀졌으면 하는 바람 간절하다. 내 주위에는 한국 문학을 공부하거나 시, 소설, 평론을 하는 친구나 선배, 지인이 많다. 그들은 가끔 내게 일본 시인 누구누구의 시가 번역되어 있느냐고 물어 온다. 누구에게 그 시인의 이름을 들었느냐고 물으면 이미 작고하신 스승이나 연세 드신 분을 통해 들었다고 한다. 이처럼 일본 시인들에 대한 관심과 욕구는 늘 존재한다. 아직도 일본 시의 번역이 제대로 이루어지지 않고 있는 현실에서. 일본 시와 시인들에 대해 많은 것을 알고 계시는 원로 시인들 중 몇 분은 이미 저 세상으로 떠나셨다. 이러한 시점에서 이 번역서가 출간된다. 이 『미요시 다쓰지 시선집』이 우리 독자들에게 소개되어 한·일간의 문화적 공감대가 생긴다면, 또한 일본의 시와 한국의 시를 비교 연구하는 분들에게 좋은 자료가 된다면 더할 나위 없는 기쁨이겠다.

  이러한 나의 문제의식과 소명의식을 이해하여 이 책의 출간을 적극 추천해 주신 한림대학교 일본학연구소 공로명 소장님께 감사의 말씀을 올린다.

  끝으로 이 책에 실린 80편은, 1996년 가도카와쇼텐에서 출간한 '현대일본문학대계' 가운데 『호리 다쓰오·미요시 다쓰지堀辰雄·三好達治』에서 미요시 다쓰지의 대표작으로 꼽을 만한 것들을 선정하여 번역한 것임을 밝혀 둔다. 독자 여러분의 넉넉한 질정을 기다릴 뿐이다.

2006년 3월 오석윤

| 옮긴이 소개 | 오석윤

동국대학교 일어일문학과를 졸업하고 동 대학원 석사·박사 과정을 수료한 후 문학 박사(일본 근·현대시 전공) 학위를 취득했다. 현대경제연구원 교수를 거쳐 현재 동국대학교 일본학연구소 전임연구원으로 재직 중이며, 동국대학교와 광운대학교 등에서 강의를 하고 있다.
저서로는 『한국과 일본의 상생 문화』(공저), 『일본문학에 나타난 한국 및 한국인상』(공저) 등이 있고 논문으로는 「미요시 다쓰지 시 연구」, 「미요시 다쓰지의 '낙타의 혹에 올라타고'론」, 「다쓰지 시에 나타난 존재와 시간의 사색」 등이 있다. 또한 역서로는 『풀 베개』, 『2번째 키스』, 『태양의 아이』, 『일본 대표 단편선 1~3』, 『한국 사람 다치하라 세이슈立原正秋』 외 다수가 있다.

한림신서 일본현대문학대표작선을 발간하면서

한림대학교 일본학연구소에서는 1995년에 광복 50년, 한일국교 정상화 30년을 기념하면서 일본학총서를 출간하기 시작했다. 그 성과에 대해서 한일 양국의 뜻있는 분들이 높이 평가해 주신 데 깊은 사의를 표한다.

본 연구소는 한국이 일본을 더욱 잘 알게 되고, 한일간의 문화교류가 활발해진다는 것이 한일 양국을 위하는 것일 뿐 아니라 21세기를 향한 동북아시아의 평화와 새로운 질서를 수립하는 데 크게 이바지한다고 생각한다. 그런 뜻에서 일본학총서도 발간해 왔던 것이다. 앞으로도 그 사업을 계속할 것이며 연륜을 더해감에 따라 큰 발자취를 남기게 될 것을 의심하지 않는다.

그런 확신을 가지고 지금까지 일본학총서 발간에 보내 주신 한일 양국 여러분의 성원에 보답하는 의미에서 여기에 새로이 한림신서 일본현대문학대표작선을 발간하기로 했다. 일본 문학은 이미 세계 문학사에서 확고한 자리를 차지하고 있다.

일본은 전통적으로 문학 속에 사상을 담아 왔기 때문에 일본 사회를 알기 위해서는 일본 문학을 알아야 한다고들 흔히 말한다. 그럼에도 불구하고 지금까지 상업성을 위주로 하는 일반적인 출판사업에서는 일본 문학의 전모를 알리기에는 어려운 사정이 많았던 것이 사실이다. 그러므로 본 연구소는 일본을 바로 이해하기 위하여, 한일간의 문화교류를 더욱 촉진하기 위하여 여기에 일본현대문학대표작선을 간행하기로 했다.

이러한 노력이 우리 문화발전에도 크게 이바지할 수 있기를 바라면서 일본에서도 한국 문화를 일본에 알리기 위한 노력이 일어나서 한일간에 새로운 세기를 좀더 밝게 전망할 수 있게 되기를 바란다.

여러분들의 계속적인 성원을 기대해 마지 않는다.

1997년 11월
한림대학교 일본학연구소